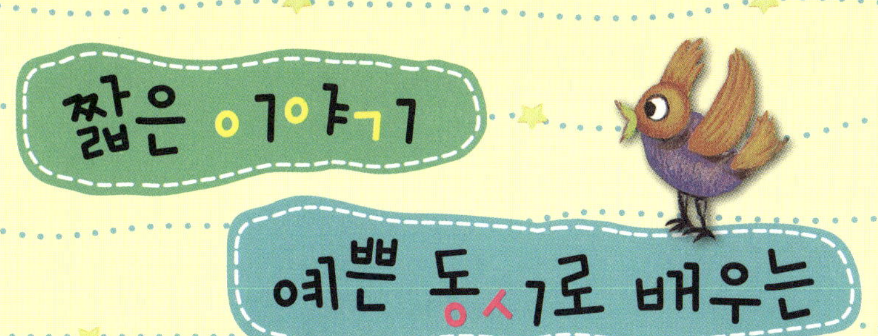

어린이 중국어 리딩북

1

김명섭, 김은정, 이현숙,
예리칭(叶丽清), 왕춘잉(王春英) 공저

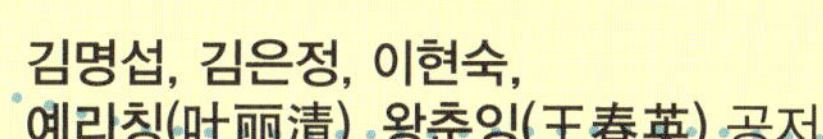

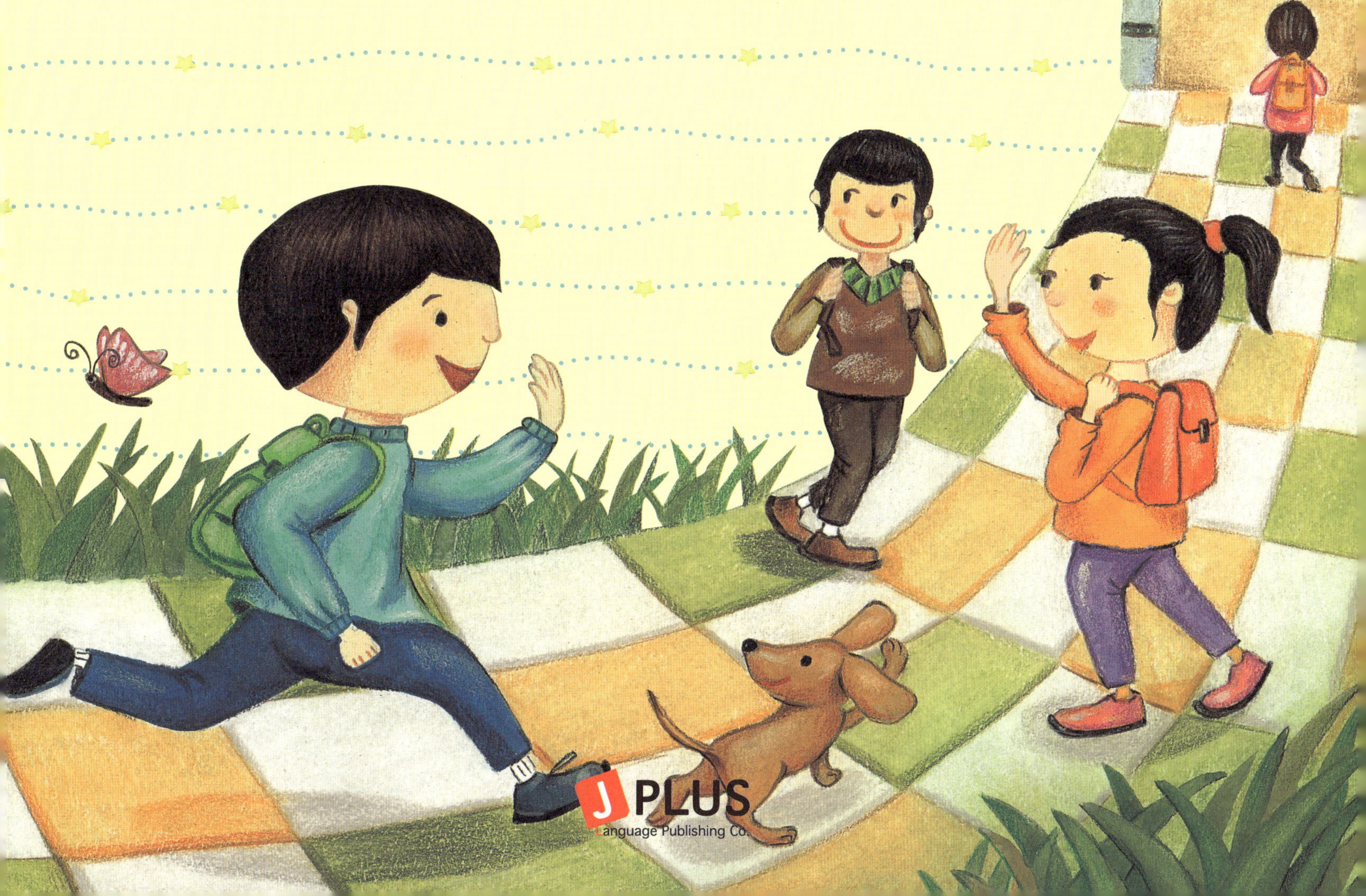

1 다음 순서로 선을 연결하여 만들어진 글자의 한자와 병음을 쓰세요.

$$1→3 \quad 1→2 \quad 2→6 \quad 3→4→5→6 \quad 4→7 \quad 5→8$$

2 그림과 대화를 보고 빈칸에 알맞은 말을 보기에서 골라 쓰세요.

보기　　也　　小猫　　狮子　　兔子

① A 你是谁？
　 B 我是(　　　　)。

② A 你是谁？
　 B 我是(　　　　)。

③ A 你们是谁？
　 B 我是(　　　　)。
　 C 我(　　　　)是狮子。

3 동물 그림을 보고 빈칸에 알맞은 말을 보기에서 골라 쓰고 선으로 연결하세요.

보기 猫 老 象 兔 虎 狗

❶ 小 　　　　❷ 老 　　　　❸ 大

4 3종류의 그림 상자에서 각각 단어 하나씩을 골라 문장을 완성하세요.

❶ 딩딩은 강가에 갔습니다. →

❷ 당당은 바닷가에 갔습니다. →

❸ 동동은 호숫가에 갔습니다. →

1 뜻이 서로 반대되는 말을 쓰세요.

❶ 上 ⟷ ☐

❷ 左 ⟷ ☐

❸ 前 ⟷ ☐

❹ 放学 ⟷ ☐ 学
fàngxué
수업이 끝나다

❺ 哭 ⟷ ☐
kū
울다

❻ 脱 ⟷ ☐
tuō
벗다

2 사다리를 타고 가서 그림에 맞는 감정을 표현하는 단어를 보기에서 골라 한자로 쓰세요.

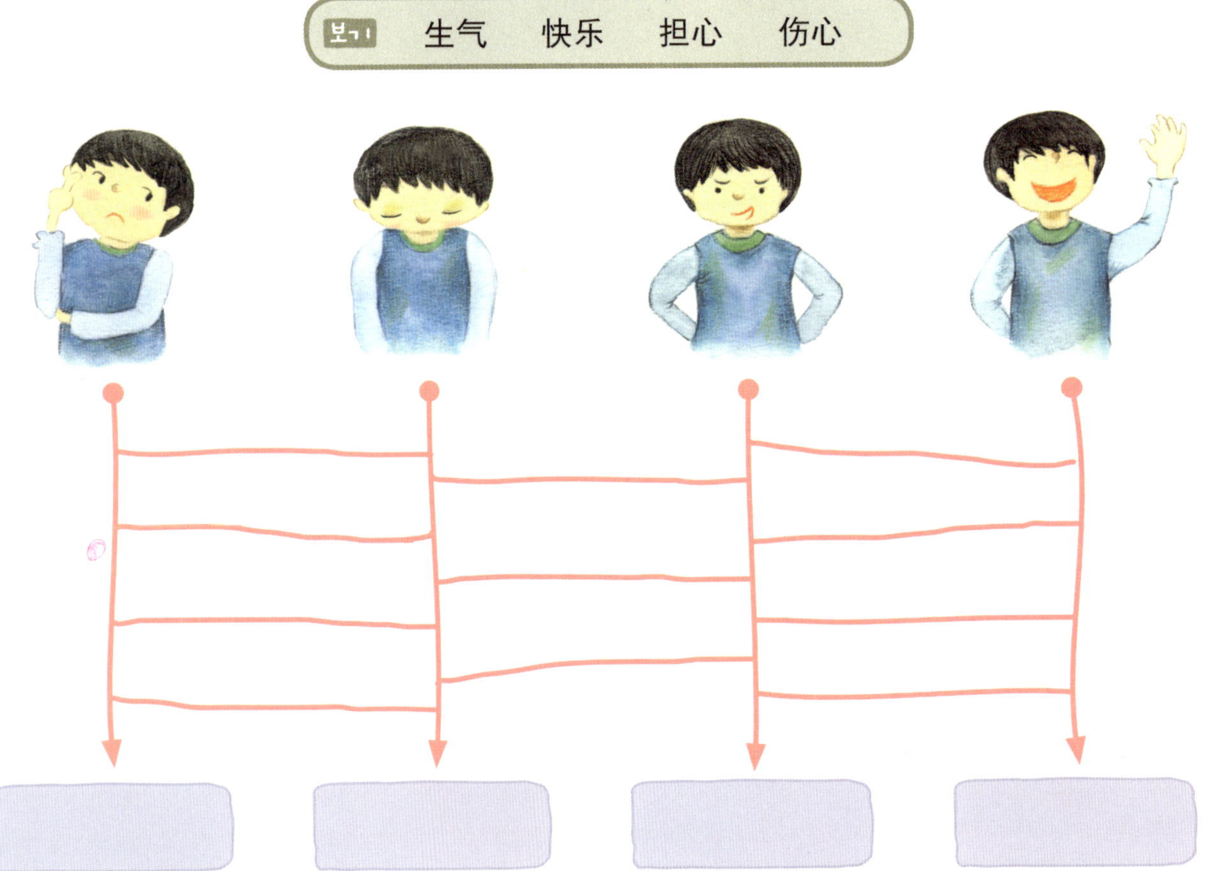

3 다음 그림과 어울리는 단어를 보기에서 골라 빈칸에 적고 선으로 연결하세요.

보기   脸　头　牙

① ● ● 梳 [ ] ● 前前后后

② ● ● 洗 [ ] ● 上上下下

③ ● ● 刷 [ ] ● 左左右右

4 딩딩이 학교 가기 전에 하는 일입니다. 순서대로 빈칸에 그림의 번호를 쓰세요.

每天早上我七点起床，刷完牙后洗脸，七点三十分和爸爸妈妈一起吃早饭，七点四十分穿上衣服去学校。

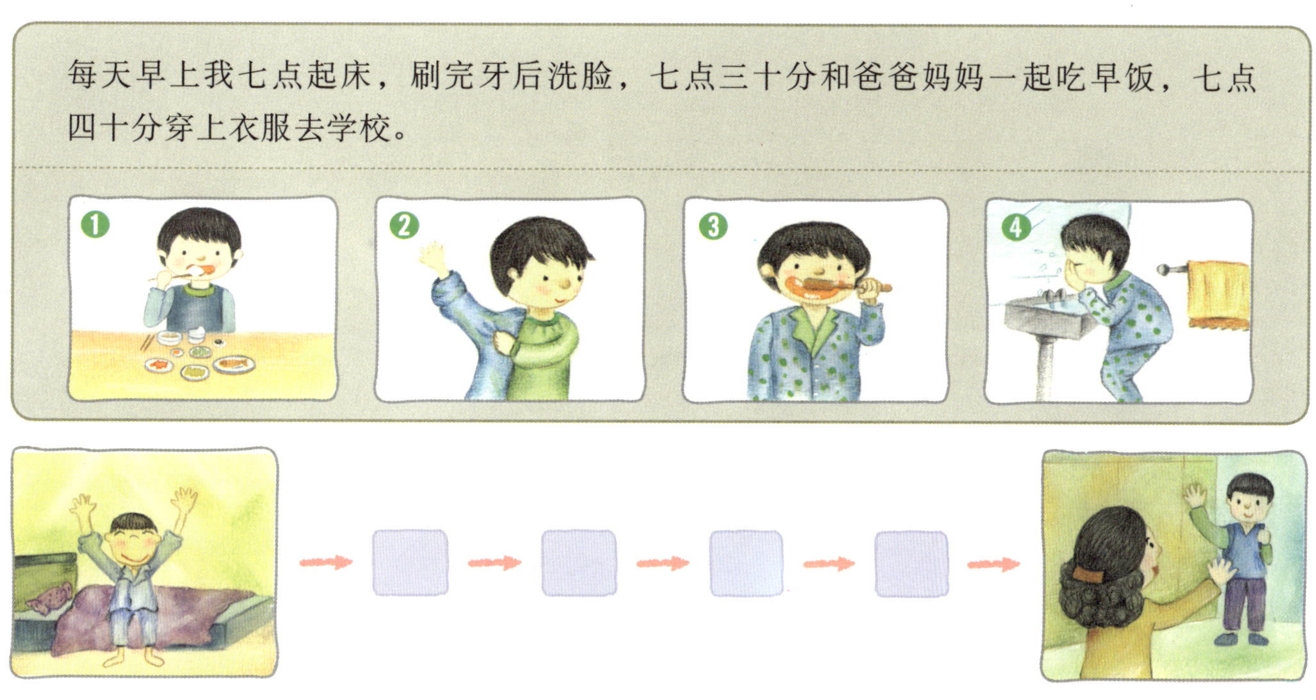

1 빈칸에 알맞은 병음을 쓰세요. (성조는 표시하지 않아도 됩니다.)

2 질문에 대한 대답을 보기에서 찾아 기호를 쓰세요.

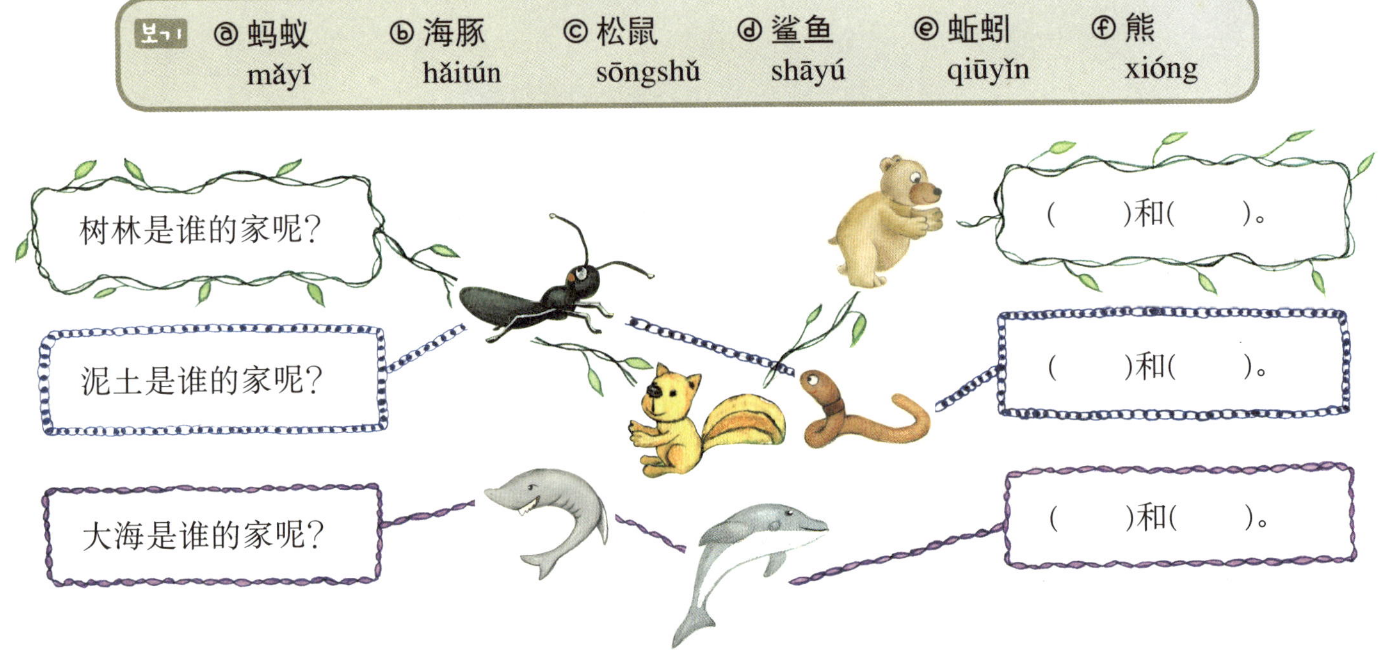

3 다음 예와 같이 퍼즐의 빈칸에 알맞은 말을 보기에서 골라 쓰세요.

①

②

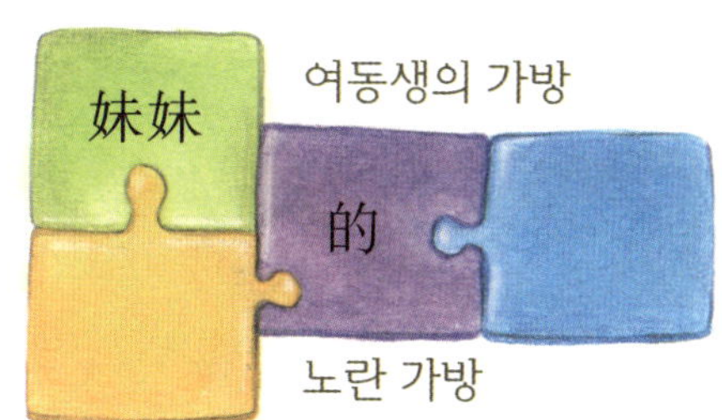

보기 黄色
小狗
书包
可爱

4 숫자에 해당하는 단어를 모아서 문장을 만들어 보세요.

1. 不是	2. 是	3. 小河	4. 白云
5. 的	6. 家	7. 谁	8. 吗
9. 蓝天	10. 呢	11. 树林	12. 那么

① 9, 2, 7, 5, 6, 10 → ______________________ ?

② 11, 1, 4, 5, 6 → ______________________ 。

③ 12, 3, 2, 4, 5, 6, 8 → ______________________ ?

1 그림을 보고 빈칸에 공통으로 들어갈 양사를 보기에서 골라 쓰세요.

보기 杯 支 本 只

❶ 两 ☐ 铅笔
  三 ☐ 圆珠笔 yuánzhūbǐ 볼펜

❷ 四 ☐ 松鼠
  两 ☐ 狮子

❸ 一 ☐ 词典 cídiǎn 사전
  两 ☐ 书

❹ 三 ☐ 可乐
  三 ☐ 橙汁 chéngzhī 오렌지주스

2 우리말 문장과 같은 뜻이 되도록 괄호 안에 알맞은 단어를 골라 ○하세요.

❶ 나랑 엄마랑 앉아서 포도를 먹어요.

→ 我 [又 / 和] 妈妈坐 [着 / 了] 吃葡萄。

❷ 아빠는 집에 안 계시니까 한 송이 남겨두지요.

→ 爸爸 [在 / 不在] 家，给他留一 [个 / 串]。

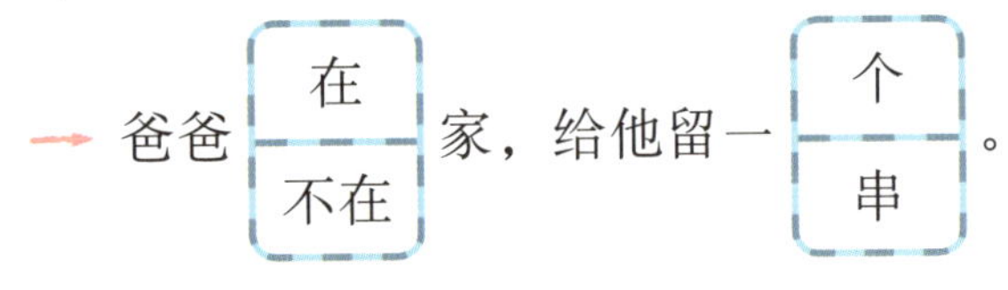

3 보기를 보고 아래에 배열된 카드 암호를 풀어보세요.

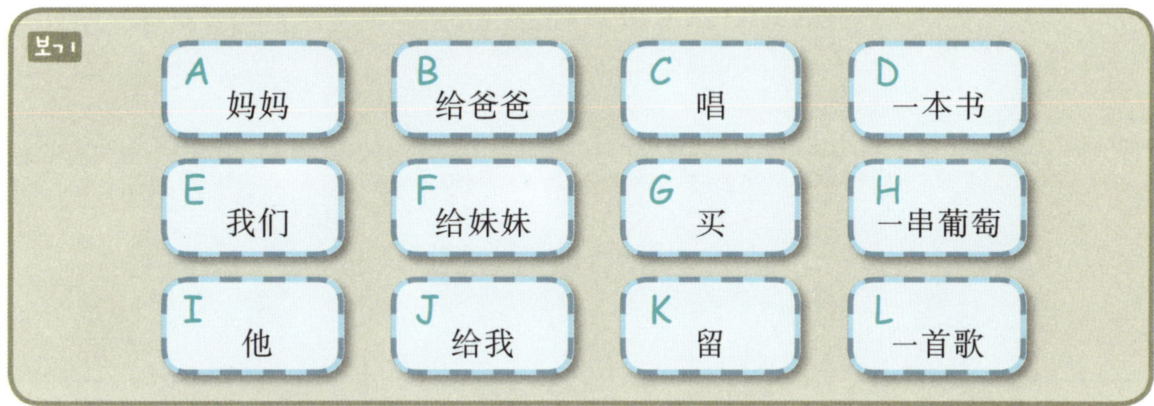

❶ E B C L ________________________ 。

❷ I F K H ________________________ 。

❸ A J G D ________________________ 。

4 다음 양사의 순서대로 병음을 찾아 ○하고 선을 그으며 길을 따라가세요.

层 → 双 → 只 → 对 → 杯 → 本 → 个 → 支

céng shuāng zhí
běi zhī duī
bāi gé cěng
gě shuǎng duì zhǐ
bēn shuāng bēi gē
béi běn zhì
cēng bèn gè zhī

1 다음 한자의 병음이 바르게 표기된 것에 ○하세요.

① 夜空　yèkōng ☐　　② 怀抱　huábaǒ ☐

③ 树林　shùlín ☐　　④ 宝宝　bǎobao ☐

⑤ 小鸟　xiáoniǎo ☐　　⑥ 睡觉　shuìjiào ☐

2 다음 질문에 맞는 동물을 골라 ○하세요.

① 大海是谁在游泳呢？

　鱼儿　　小鸟　　鲨鱼

② 树林里是谁在洗脸呢？

　狮子　　兔子　　蚂蚁

③ 公园里是谁在踢球呢？

　小猫　　小狗　　大熊

3 중간에 들어갈 병음을 보기 중에서 골라 쓰세요.

보기   á   ǎ   à   ě

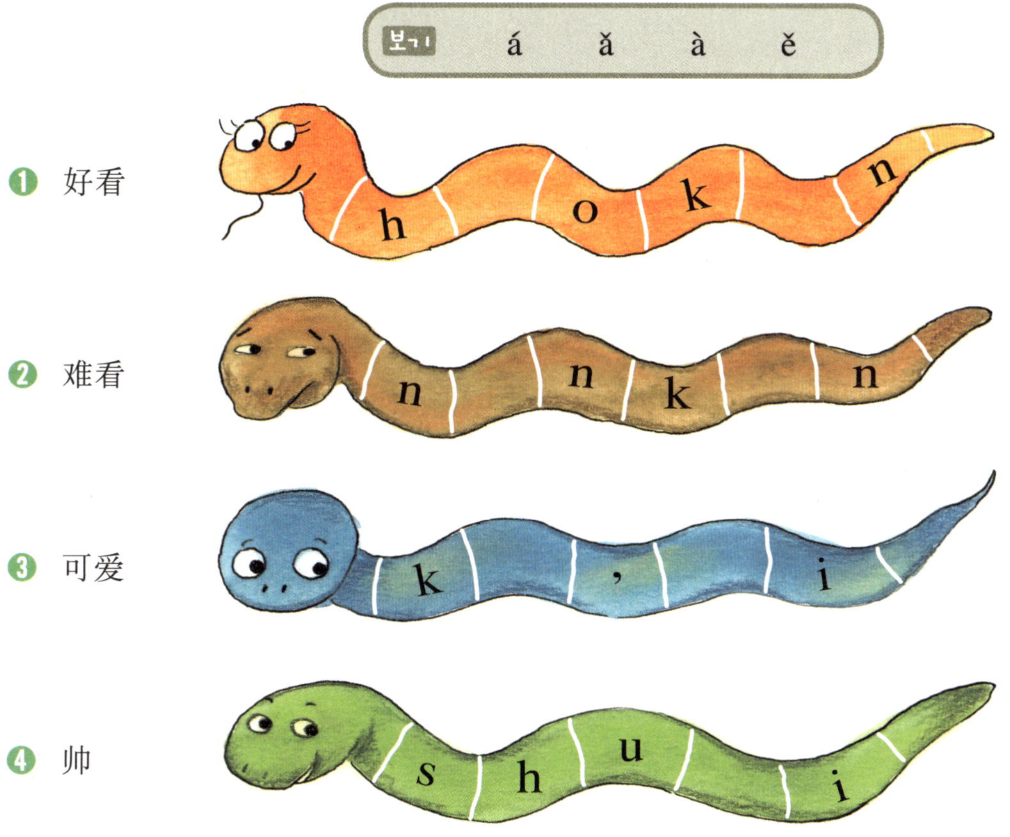

① 好看

② 难看

③ 可爱

④ 帅

4 다음 그림을 보고 빈칸에 단어를 넣어 문장을 완성하세요.

보기   客厅   睡觉   房间   在   音乐   床   看

① 爸爸在做什么呢？

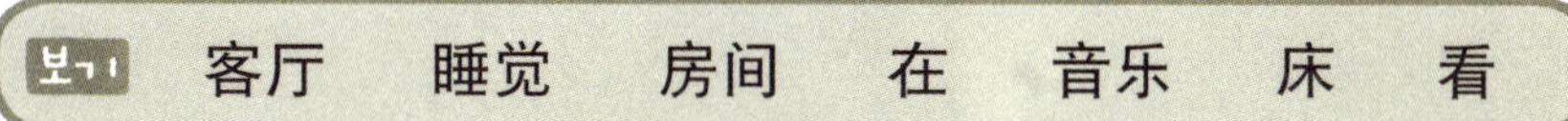

② 妈妈在做什么呢？

③ 宝宝在做什么呢？

1 다음 빈칸에 알맞은 병음과 성조를 쓰세요.

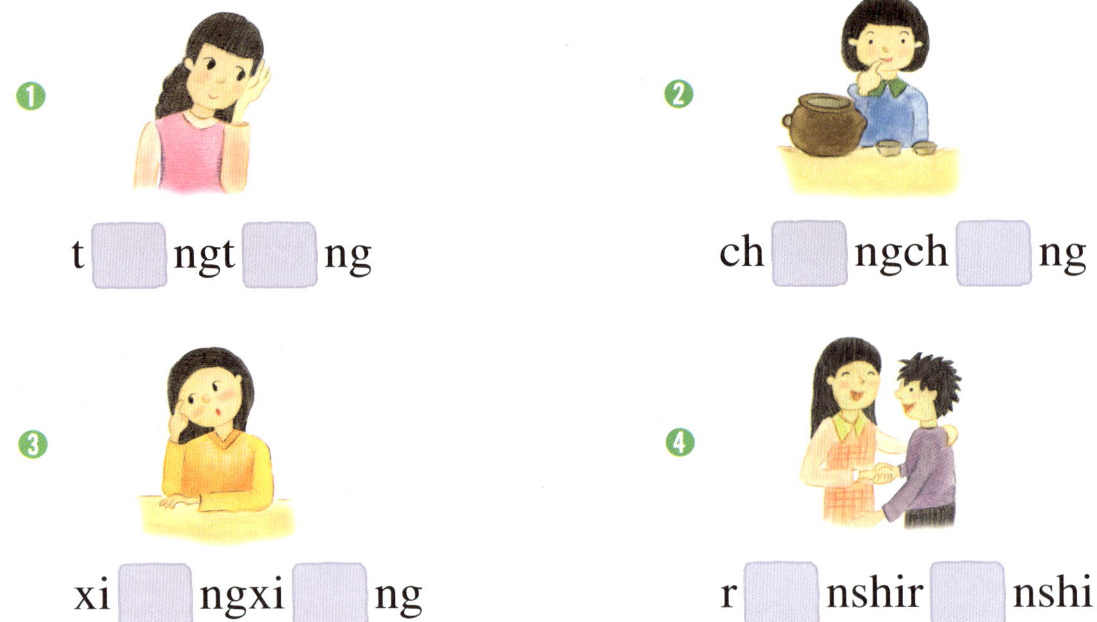

❶ t▢ngt▢ng

❷ ch▢ngch▢ng

❸ xi▢ngxi▢ng

❹ r▢nshir▢nshi

2 빈칸에 동사를 두 번씩 써 넣어 문장을 완성하세요.

보기　　踢　　看　　介绍

3 서로 관계있는 것끼리 선으로 연결하세요.

4 다음 글을 읽고 물음에 답하세요.

> 丁丁和明明一对好朋友。他们经常去公园玩沙，跳房子，捉迷藏。
> 手挽手，唱唱歌，＿＿(a)＿＿ 每天有。

❶ 丁丁과 明明이 한 놀이를 모두 골라 ○하세요.

❷ (a)에 들어갈 말로 적당한 것을 아래에서 골라 쓰세요.

担心　　小心　　喜欢　　快乐

1 다음 그림을 보고 무엇이 이겼는지 보기에서 골라 빈칸에 한자로 쓰세요.

보기	石头	剪刀	布
	바위	가위	보

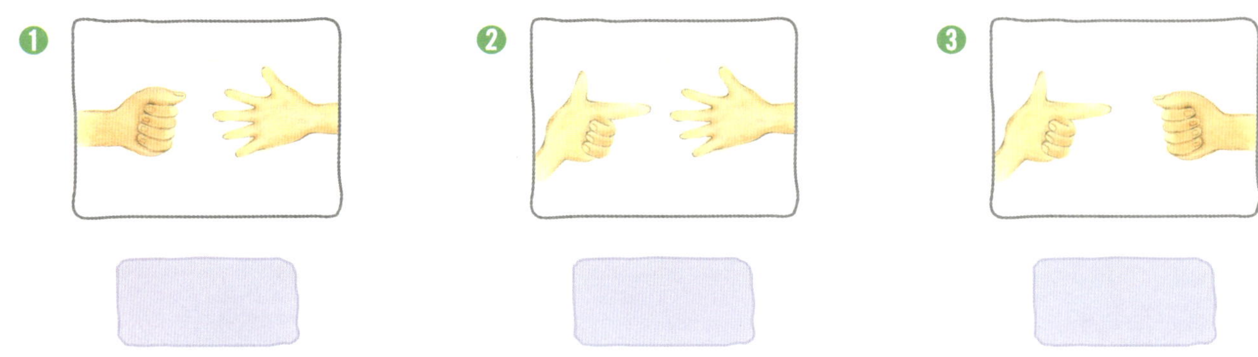

❶　　❷　　❸

2 반대말을 선으로 연결하고, 병음을 찾아서 ○하세요.

长　　胖　　亮　　开

关　　暗　　瘦　　短

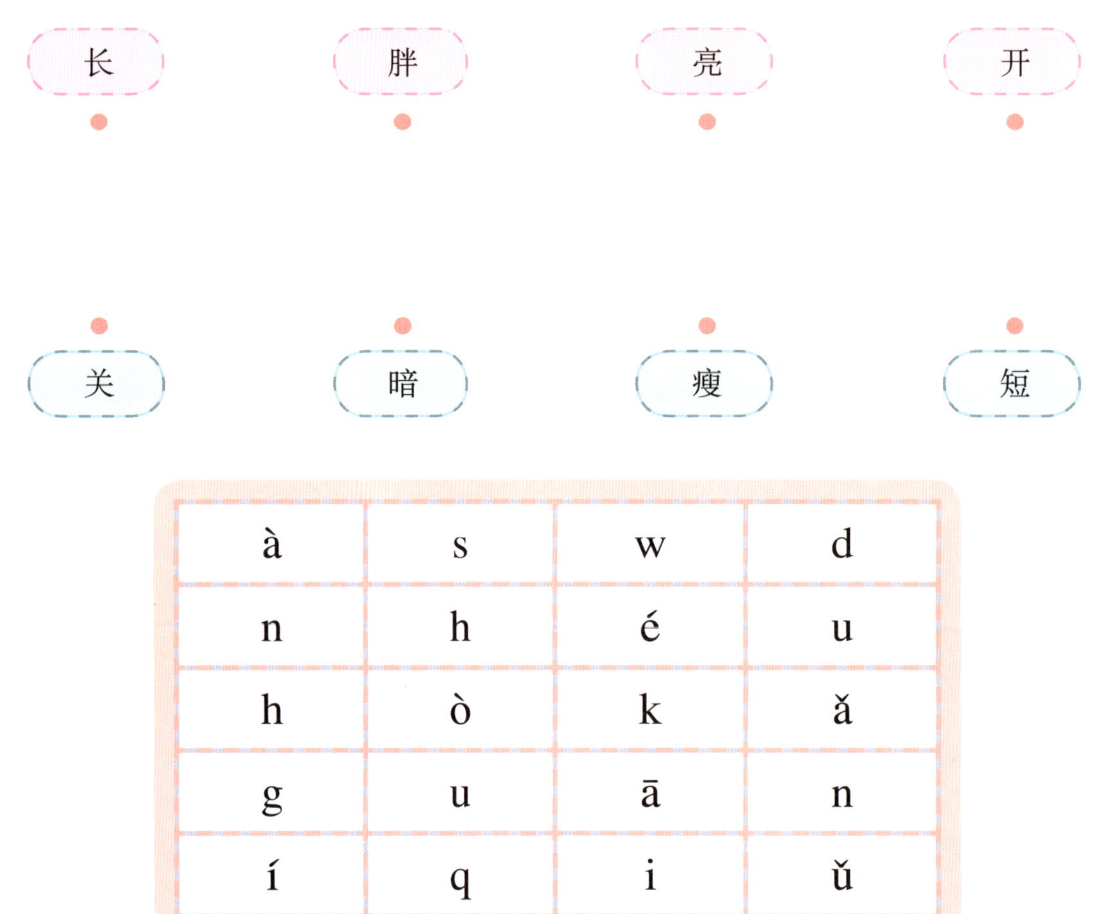

à	s	w	d
n	h	é	u
h	ò	k	ǎ
g	u	ā	n
í	q	i	ǔ

3 그림과 질문을 보고 해당하는 동물의 이름 옆에 ○하세요.

❶ 谁会赢呢？

熊 ☐ 老鼠 ☐

❷ 谁会赢呢？

乌龟 ☐ 兔子 ☐

❸ 谁会输呢？

鹿 ☐
lù
사슴

麒麟 ☐
qílín
기린

❹ 谁会输呢？

大象 ☐ 狮子 ☐

4 丁丁과 冬冬이 가위바위보를 합니다. 각각의 경우에서 이긴 사람의 이름표에 ○하세요.

	✊	✌	🖐
✌	A1	A2	A3
✊	B1	B2	B3
🖐	C1	C2	C3

❶ A2  丁丁    冬冬

❷ B3  丁丁    冬冬

❸ C2  丁丁    冬冬

1 그림을 보고 上과 下를 알맞은 곳에 쓰세요.

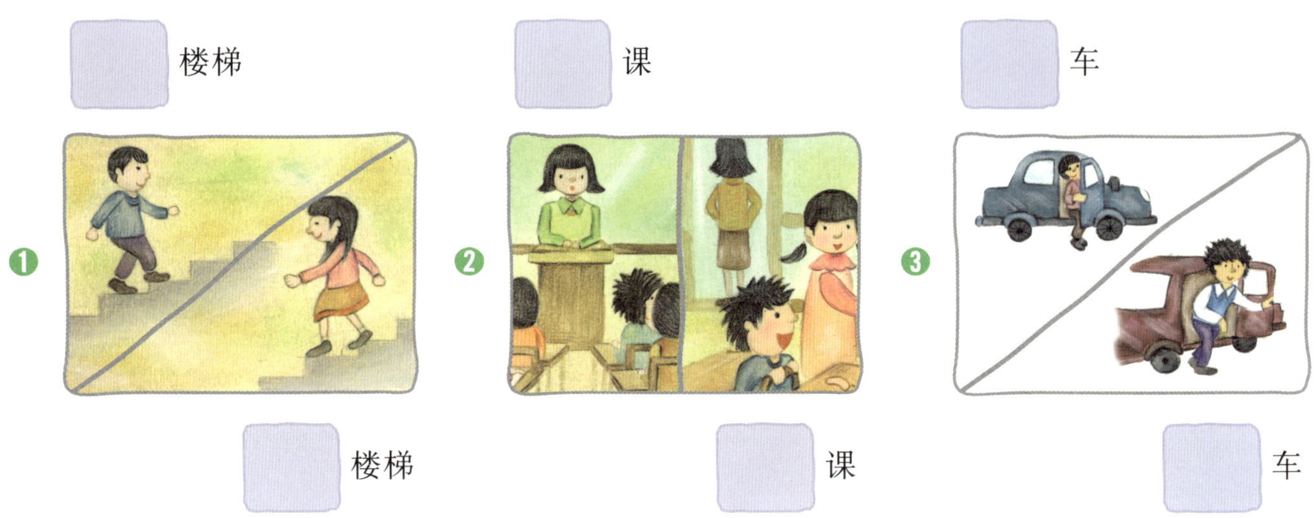

①

□楼梯 / □楼梯

②

□课 / □课

③

□车 / □车

2 손으로 표시된 숫자 그림을 보고 빈칸에 알맞은 숫자를 한자로 쓰세요.

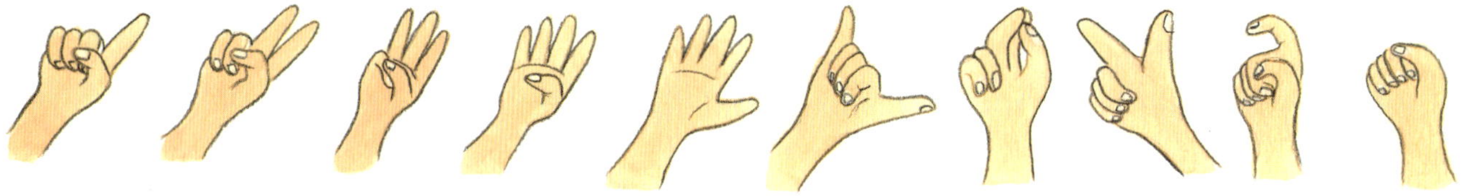

① 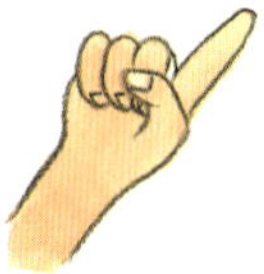 + 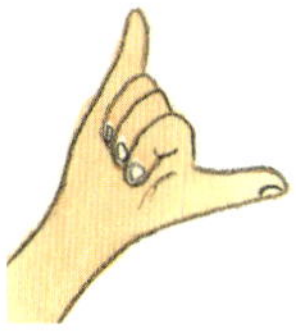 = □

② 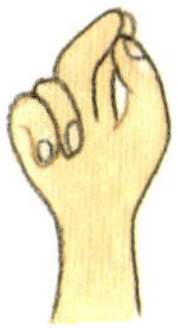 − 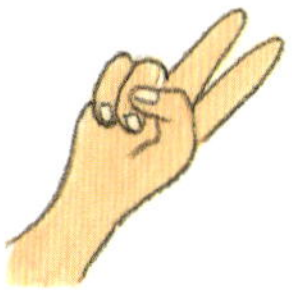 = □

③ 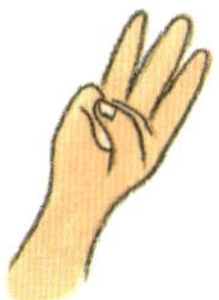 × 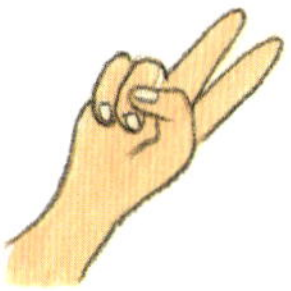 = □

④ 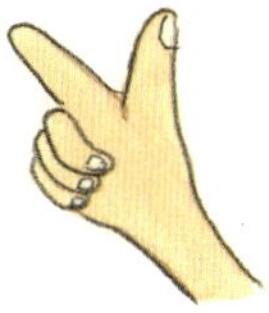 ÷ 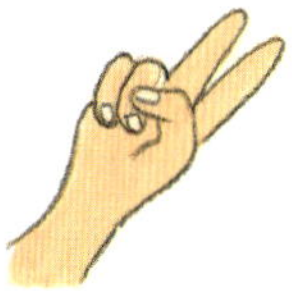 = □

3 빈칸에 들어갈 한자를 보기에서 골라 쓰세요.

보기   一边～一边　上　放　下

❶ 

☐ 雨　　　☐ 雪　　　☐ 班　　　☐ 学

❸ 

冬冬 ☐ 唱歌 ☐ 跳舞。

4 빈 퍼즐 조각에 들어갈 단어를 보기에서 골라 문장을 만들어 보세요.

보기　一起　和　睡觉　踢足球　唱歌

❶ 그들은 함께 축구를 한다. ➡ 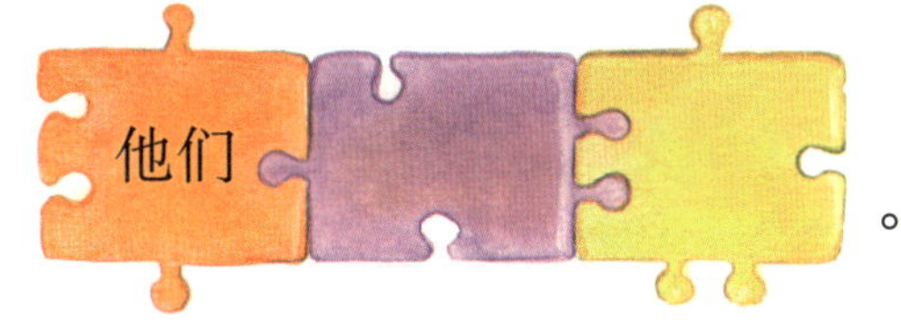

。

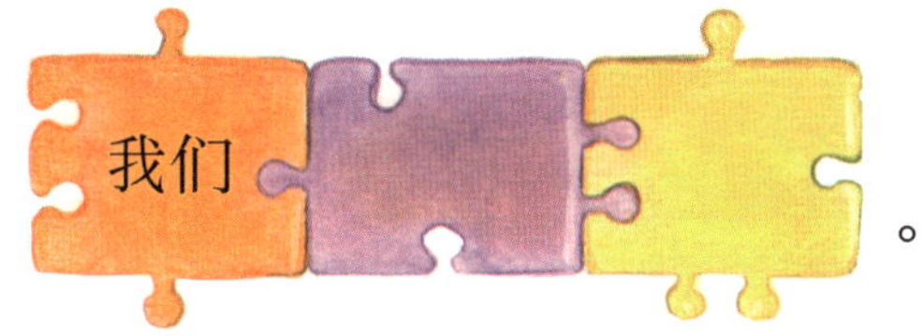

❷ 우리는 함께 노래를 부른다. ➡

。

❸ 엄마와 아기는 함께 잠을 잔다.
➡ 

。

1 다음 단어의 병음 순서를 따라 출발에서부터 도착까지 끊어지지 않게 선을 이어보세요.

蓝色 → 黄色 → 红色

출발	l	á	h	ō	도착	e	t
á	f	n	ǔ	g	è	h	g
h	è	s	á	d	s	g	a
ē	h	n	g	h	á	n	x
h	u	b	b	ō	x	ó	g
a	á	n	g	s	è	h	d

2 다음 색깔에 해당하는 단어를 보기에서 찾아 기호를 써보세요.

❶ 蓝色 → ☐ ☐

❷ 黄色 → ☐ ☐

❸ 红色 → ☐ ☐

3. 다음 문장의 빈칸에 알맞은 말을 골라 ○하세요.

❶ 왕 선생님이 우리를 데리고 가을을 찾으러 들판으로 나갔어요.

→ 王老师带 [了 / 着] 我们去野外寻找秋天。

❷ 딩딩은 어제 만리장성에 갔어요.

→ 丁丁昨天去 [了 / 着] 长城。

❸ 동동은 중국어 사전 한 권을 샀어요.

→ 冬冬买 [了 / 着] 一本汉语词典。

4. 꽃밭의 친구들은 무슨 색일까요? 알맞은 답을 보기에서 골라 번호를 쓰세요.

보기 ❶ 黄色   ❷ 绿色   ❸ 粉红色

1 빈칸에 알맞은 성조를 표기하세요.

① duanduan

② manman(r)

③ piaopiaoliangliang

④ gaogaoxingxing

2 사다리를 타고 내려가서 동물들의 특기를 보기에서 찾아 쓰세요.

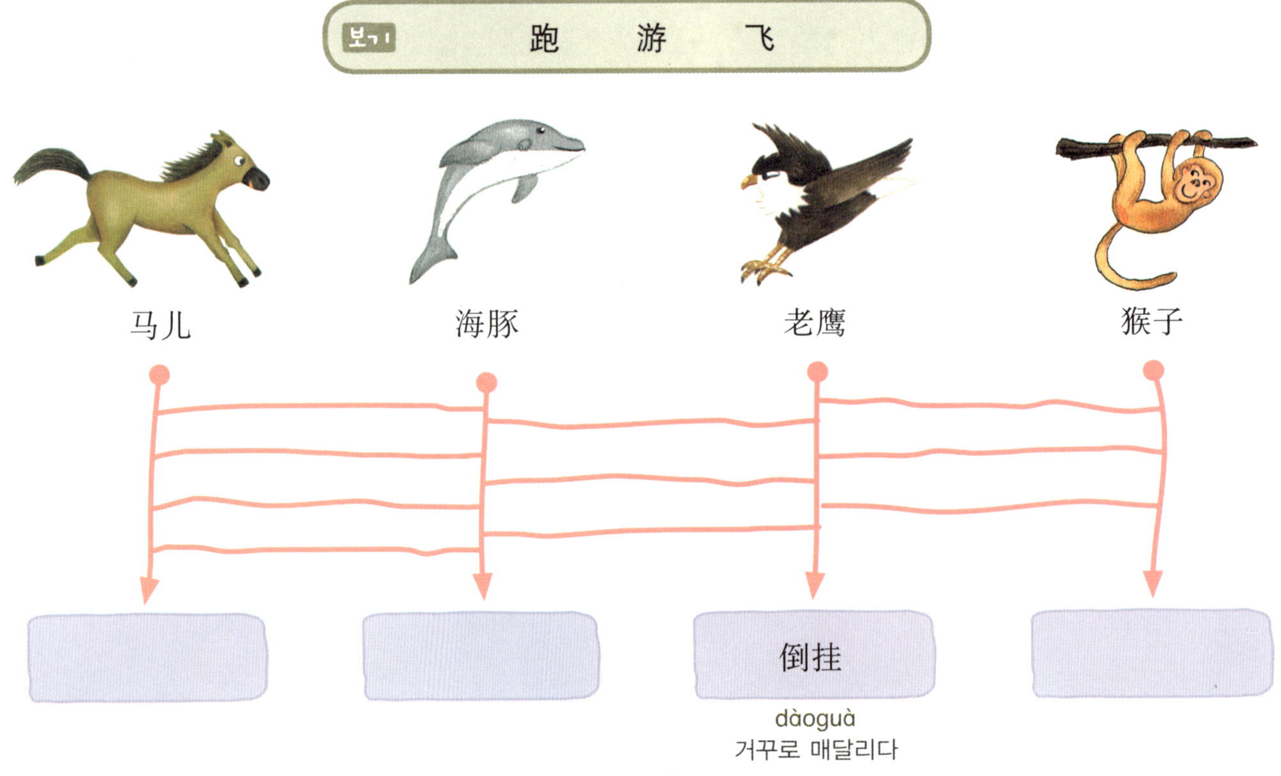

3 그림을 보고 문장의 내용이 맞으면 ○, 틀리면 ✕ 하세요.

❶ 丁丁会游泳。

❸ 丁丁不会弹钢琴和拉小提琴。

❺ 丁丁和当当会画卡通。

❷ 当当会说日语。

❹ 当当不会游泳和弹钢琴。

❻ 当当和丁丁会说日语。

4 내가 할 수 있는 것에 ○하고, 말해보세요.

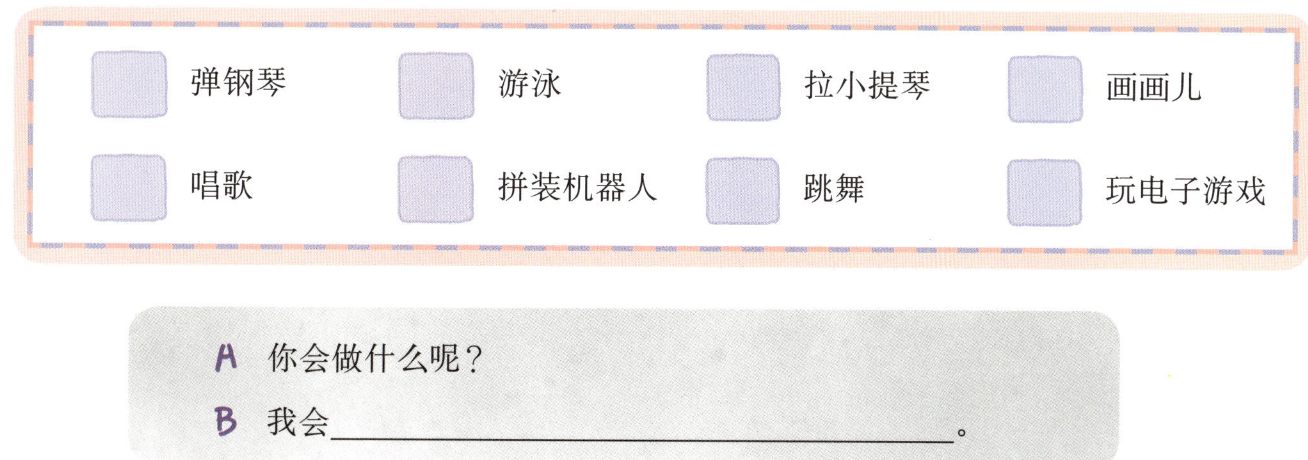

A 你会做什么呢？

B 我会＿＿＿＿＿＿＿＿＿＿＿＿＿＿＿＿＿＿。

1 다음 그림을 보고 빈칸에 알맞은 말을 보기에서 골라 쓰세요.

보기 胖 小 矮 高 大 瘦

❶ 长

❷ 长

❸ 长

2 시계를 보고 빈칸에 알맞은 숫자나 단어를 쓰세요.

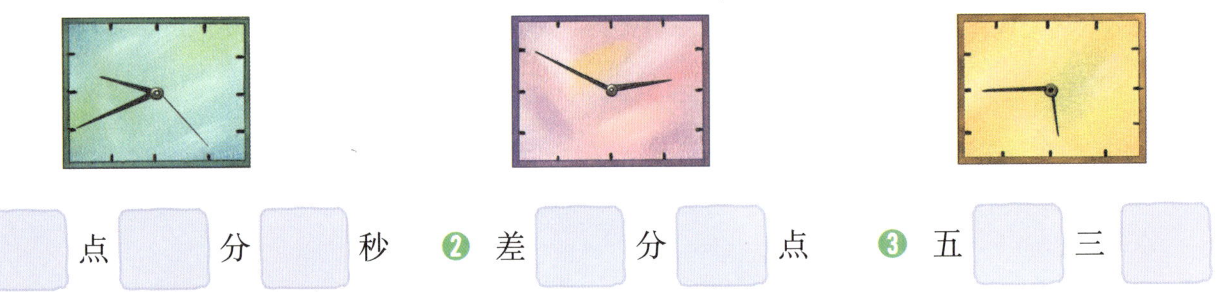

❶ ☐ 点 ☐ 分 ☐ 秒   ❷ 差 ☐ 分 ☐ 点   ❸ 五 ☐ 三 ☐

3 다음 그림을 보고 빈칸에 알맞은 숫자를 한자로 쓰세요.

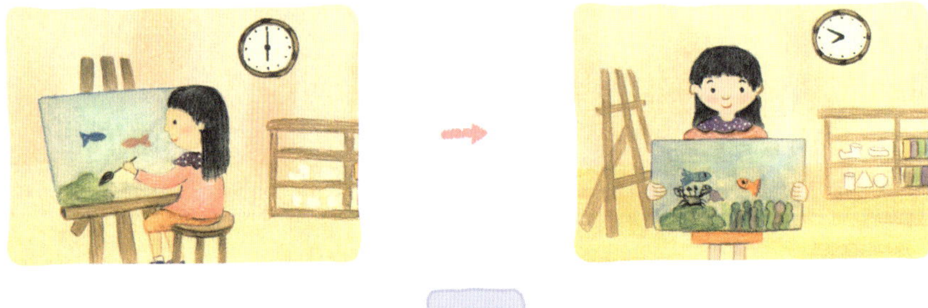

❶ 그림을 그리기 시작한 시각은?   ☐ 点

❷ 그림 그리기를 끝낸 시각은?   ☐ 点 ☐ 分

❸ 그림 그리는 데 걸린 시간은?   ☐ 个小时 ☐ 分钟

4 다음 단어의 병음 순서를 출발에서부터 도착까지 끊어지지 않는 선으로 연결하세요.

秒 → 分 → 点 → 天 → 星期 → 月 → 年

출발	l	á	도착	ō	q	e	t
m	f	n	n	g	è	h	g
i	ǎ	s	á	i	n	è	u
ē	o	n	g	h	á	ī	y
h	f	b	ī	n	g	q	g
a	ē	n	x	n	ā	h	d
ǒ	n	d	i	à	i	è	ā
z	ù	é	ǎ	n	t	i	á

5 숫자에 해당하는 단어를 모아서 문장을 만들어 보세요.

1. 秒	2. 等	3. 分	4. 一	5. 六十
6. 小时	7. 时间	8. 走	9. 我	10. 地
11. 等于	12. 他	13. 了	14. 个	

❶ 4, 6, 11, 5, 3 → ________________________________ 。

❷ 7, 4, 3, 4, 1, 10, 8 → ________________________________ 。

❸ 9, 2, 12, 2, 13, 4, 14, 6 → ________________________________ 。

1 다음 그림을 보고 문장의 빈칸에 알맞은 말을 보기에서 골라 쓰세요.

보기　下　上　中　里　外

❶　丁丁在床□□睡着啦。

❷　青蛙在洞□□睡着啦。

2 아래 퍼즐에서 h, u, à가 들어간 칸을 찾아 모두 색칠하고, 만들어진 글자를 문장의 빈칸에 쓰세요.

h	h	h	h	h	h	h	h	h	h	h	h	h
ó	ó	ó	ó	ó	ó	ó	ó	ó	ó	ó	ó	ó
n	n	n	n	n	n	n	n	n	n	n	n	n
g	g	g	u	u	u	u	u	u	u	g	g	g
à	q	q	u	q	q	u	q	q	u	q	q	à
à	ī	ī	u	ī	ī	u	ī	ī	u	ī	ī	à
à	n	n	u	u	u	u	u	u	u	n	n	à
à	g	g	u	g	g	u	g	g	u	g	g	à
à	w	w	u	w	w	u	w	w	u	w	w	à
à	ā	ā	u	u	u	u	u	u	u	ā	ā	à
à	d	d	d	d	d	d	d	d	d	d	d	à
à	ì	ì	ì	ì	ì	ì	ì	ì	ì	ì	ì	à
à	à	à	à	à	à	à	à	à	à	à	à	à

小鸡在地上□□竹叶，小狗在地上□□梅花。

3 우리말 문장과 같은 뜻이 되도록 알맞은 말을 골라 ○하세요.

❶ 그는 어제 운동회에 참가하지 않았어요. → 他昨天 〔没／不〕 参加运动会。

❷ 나는 내일 PC방에 안 갈 거예요. → 我明天 〔没／不〕 去网吧。

❸ 병아리가 땅 위에 대나무 잎을 그려요. → 小鸡在地 〔上／下〕 画竹叶。

❹ 곰이 동굴 안에서 잠을 자고 있어요. → 大熊在洞 〔外／里〕 睡着啦。

4 물음표에 표시된 의문사 병음에 ○하고 그 순서대로 한자를 찾아 탈출하세요.

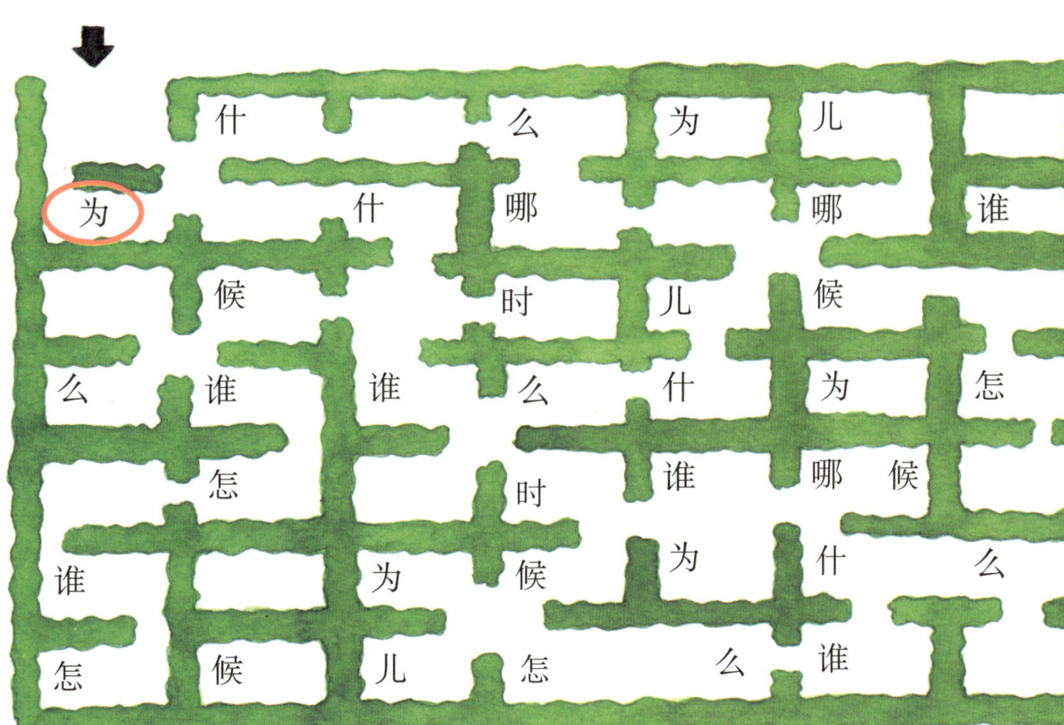

1과

WORKBOOK 1과

1 다음 순서로 선을 연결하여 만들어진 글자의 한자와 병음을 쓰세요.
1-3 → 1-2 → 2-6 → 3-4-5-6 → 4-7 → 5-8
只
zhī

2 그림과 대화를 보고 빈칸에 알맞은 말을 보기에서 골라 쓰세요.
보기 也 小猫 獅子 兔子
① A 你是谁?
  B 我是(兔子)。
년 누구니? 나는 토끼야.
② A 你是谁?
  B 我是(小猫)。
년 누구니? 나는 고양이야.
③ A 你们是谁?
  B 我是(獅子)。
  C 我(也)是獅子。
너희는 누구니? 나는 사자야. 나도 사자야.

3 동물 그림을 보고 빈칸에 알맞은 말을 보기에서 골라 쓰고 선으로 연결하세요.
보기 猫 老 象 兔 虎 狗
① 小 狗   ② 老 虎   ③ 大 象

4 3종류의 그림 상자에서 각각 단어 하나씩을 골라 문장을 완성하세요.
보기 丁丁 湖边 走到 冬冬 走到 海边 当当 小河边 走到
① 딩딩은 강가에 갔습니다. — 丁丁 走到 小河边
② 당당은 바닷가에 갔습니다. — 当当 走到 海边
③ 동동은 호숫가에 갔습니다. — 冬冬 走到 湖边

1 两只小狗

2과

WORKBOOK 2과

1 뜻이 서로 반대되는 말을 쓰세요.
보기 上 笑 右 穿 下 后
① 上 ↔ 下   ② 左 ↔ 右
③ 前 ↔ 后   ④ 放学 fàngxué 수업이 끝나다 ↔ 下学
⑤ 哭 kū 울다 ↔ 笑   ⑥ 脱 tuō 벗다 ↔ 穿

2 사다리를 타고 가서 그림에 맞는 감정을 표현하는 단어를 보기에서 골라 한자로 쓰세요.
보기 生气 快乐 担心 伤心
担心   生气   伤心   快乐

3 다음 그림과 어울리는 단어를 보기에서 골라 빈칸에 적고 선으로 연결하세요.
보기 脸 头 牙
① 梳 头   前前后后
② 洗 脸   上上下下
③ 刷 牙   左左右右

4 딩딩이 학교 가기 전에 하는 일입니다. 순서대로 빈칸에 그림의 번호를 쓰세요.
每天早上我七点起床，刷完牙后洗脸，七点三十分和爸爸妈妈一起吃早饭，七点四十分穿上衣服去学校。
③ → ④ → ① → ②

2 一二二上学去

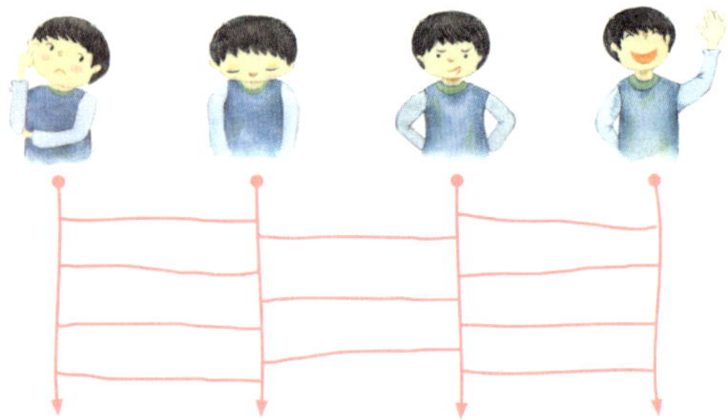

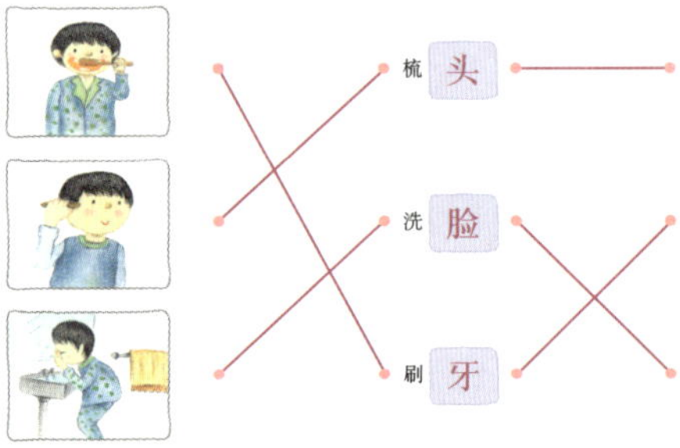

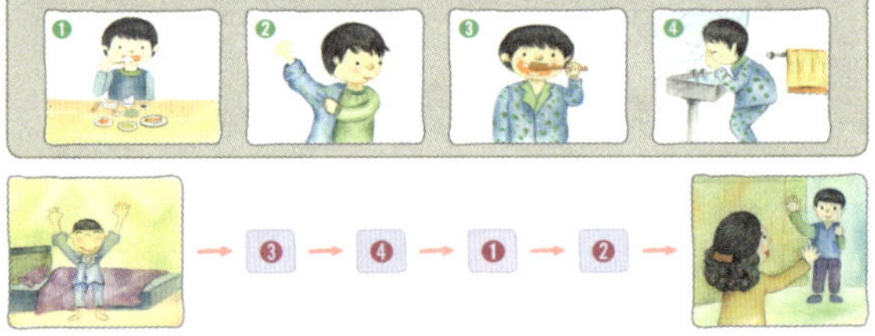

3과

1 빈칸에 알맞은 병음을 쓰세요. (성조는 표시하지 않아도 됩니다.)

大家庭 / 树林 / 蓝天 / 泥土 / 鸟

(십자말풀이)
- dajiating
- shulin
- lantian
- nitu
- niao

2 질문에 대한 대답을 보기에서 찾아 기호를 쓰세요.

보기 ⓐ 蚂蚁 mǎyǐ ⓑ 海豚 hǎitún ⓒ 松鼠 sōngshǔ ⓓ 鲨鱼 shāyú ⓔ 蚯蚓 qiūyǐn ⓕ 熊 xióng

- 树林是谁的家呢? → (ⓒ)和(ⓕ)。
- 泥土是谁的家呢? → (ⓐ)和(ⓔ)。
- 大海是谁的家呢? → (ⓓ)和(ⓑ)。

3 다음 예와 같이 퍼즐의 빈칸에 알맞은 말을 보기에서 골라 쓰세요.

(예) 妈妈 的 衣服 / 漂亮 — 엄마의 옷 / 예쁜 옷

- 当当 的 小狗 / 可爱 — 당당의 강아지 / 귀여운 강아지
- 妹妹 的 书包 / 黄色 — 여동생의 가방 / 노란 가방

보기 黄色 / 小狗 / 书包 / 可爱

4 숫자에 해당하는 단어를 모아서 문장을 만들어 보세요.

1. 不是	2. 是	3. 小河	4. 白云
5. 的	6. 家	7. 谁	8. 吗
9. 蓝天	10. 呢	11. 树林	12. 那么

- 9, 2, 7, 5, 6, 10 → 蓝天是谁的家呢 ?
- 11, 1, 4, 5, 6 → 树林不是白云的家 。
- 12, 3, 2, 4, 5, 6, 8 → 那么小河是白云的家吗 ?

3 地球 – 大家庭　7

4과

1 그림을 보고 빈칸에 공통으로 들어갈 양사를 보기에서 골라 쓰세요.

보기 杯　支　本　只

- 两 支 铅笔 / 三 支 圆珠笔 yuánzhūbǐ 볼펜
- 四 只 松鼠 / 两 只 狮子
- 一 本 词典 cídiǎn 사전 / 两 本 书
- 三 杯 可乐 / 三 杯 橙汁 chéngzhī 오렌지주스

2 우리말 문장과 같은 뜻이 되도록 괄호 안에 알맞은 단어를 골라 ○하세요.

- 나랑 엄마랑 앉아서 포도를 먹어요.
  → 我 (又／**和**) 妈妈坐 (**着**／了) 吃葡萄。
- 아빠는 집에 안 계시니까 한 송이 남겨두지요.
  → 爸爸 (在／**不在**) 家，给他留一 (**个**／串)。

3 보기를 보고 아래에 배열된 카드 암호를 풀어보세요.

보기
A 妈妈	B 给爸爸	C 唱	D 一本书
E 我们	F 给妹妹	G 买	H 一串葡萄
I 他	J 给我	K 留	L 一首歌

- E B C L → 我们给爸爸唱一首歌 。
- I F K H → 他给妹妹留一串葡萄 。
- A J G D → 妈妈给我买一本书 。

4 다음 양사의 순서대로 병음을 찾아 ○하고 선을 그으며 길을 따라가세요.

层 — 双 — 只 — 对 — 杯 — 本 — 个 — 支

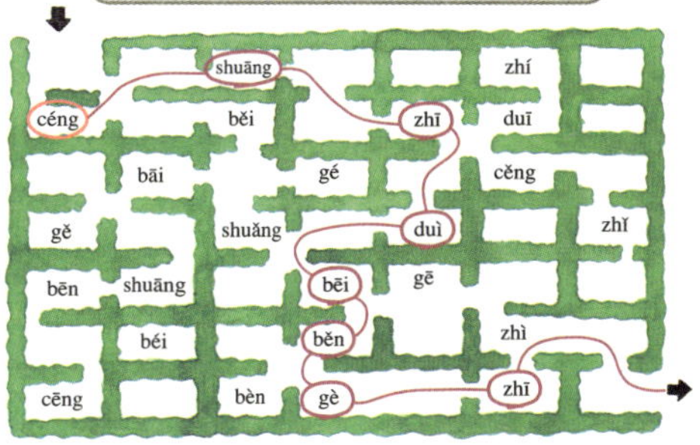

(미로: céng → shuāng → zhī → duì → bēi → běn → gè → zhī)

4 给爸爸留一串　9

정답

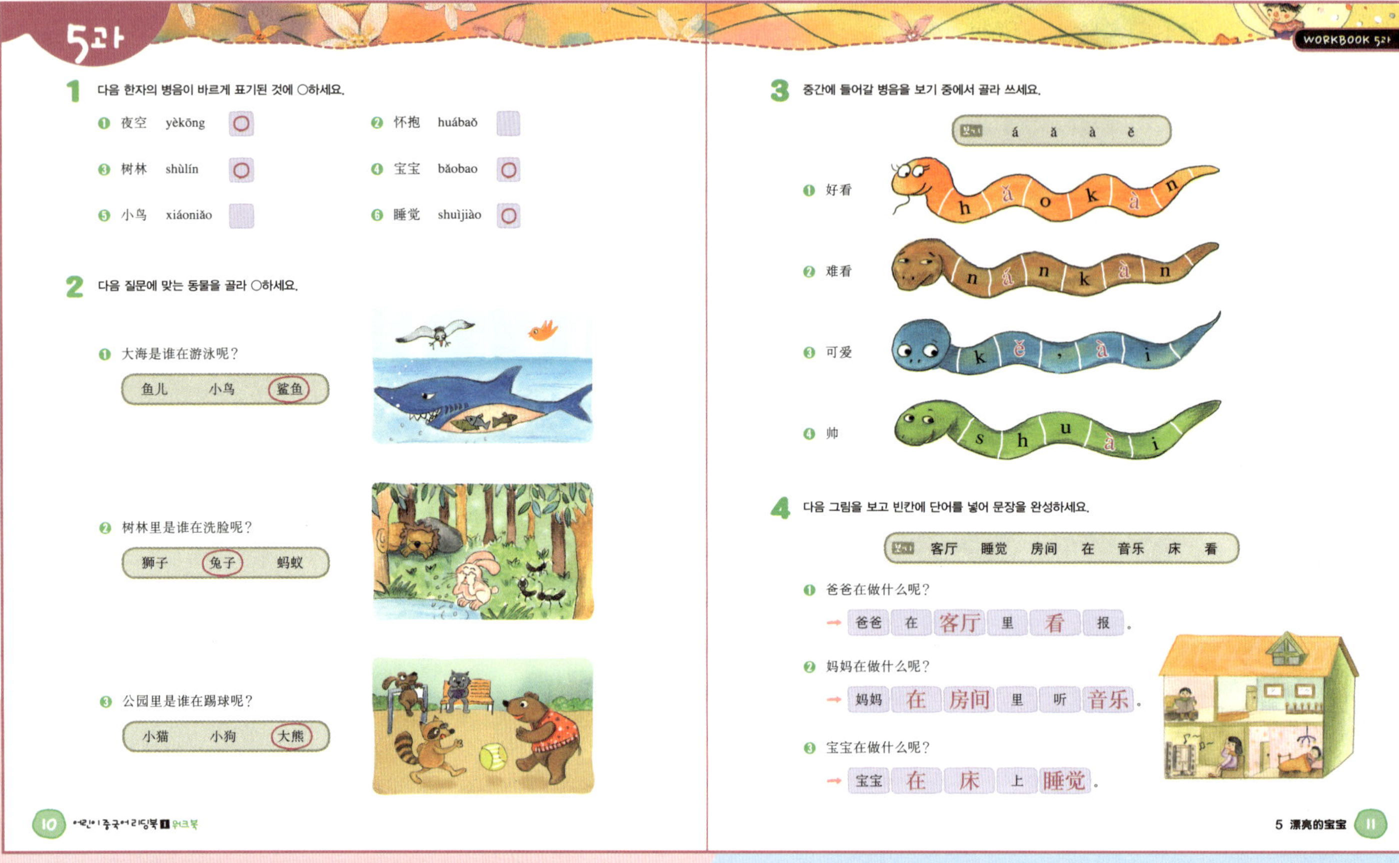

5과   WORKBOOK 5과

1 다음 한자의 병음이 바르게 표기된 것에 ○하세요.

① 夜空 yèkōng ○   ② 怀抱 huábaò
③ 树林 shùlín ○   ④ 宝宝 bǎobao ○
⑤ 小鸟 xiáoniǎo   ⑥ 睡觉 shuìjiào ○

2 다음 질문에 맞는 동물을 골라 ○하세요.

① 大海是谁在游泳呢?
鱼儿   小鸟   (鲨鱼)

② 树林里是谁在洗脸呢?
狮子   (兔子)   蚂蚁

③ 公园里是谁在踢球呢?
小猫   小狗   (大熊)

3 중간에 들어갈 병음을 보기 중에서 골라 쓰세요.

보기 á ǎ à ě

① 好看 hǎokàn
② 难看 nánkàn
③ 可爱 kě'ài
④ 帅 shuài

4 다음 그림을 보고 빈칸에 단어를 넣어 문장을 완성하세요.

보기 客厅 睡觉 房间 在 音乐 床 看

① 爸爸在做什么呢?
→ 爸爸 在 客厅 里 看 报 .

② 妈妈在做什么呢?
→ 妈妈 在 房间 里 听 音乐 .

③ 宝宝在做什么呢?
→ 宝宝 在 床 上 睡觉 .

6과   WORKBOOK 6과

1 다음 빈칸에 알맞은 병음과 성조를 쓰세요.

① tīngtīng
② chángchāng
③ xiǎngxiang
④ rènshirènshi

2 빈칸에 동사를 두 번씩 써 넣어 문장을 완성하세요.

보기 踢 看 介绍

① 천천히 둘러보세요.
随便 看 看 .

② 우리 공원 가서 공차기 하자.
咱们去公园 踢 踢 球 .

③ 너한테 내 친구를 소개할게.
给你 介绍 介绍 我的朋友 .

3 서로 관계있는 것끼리 선으로 연결하세요.

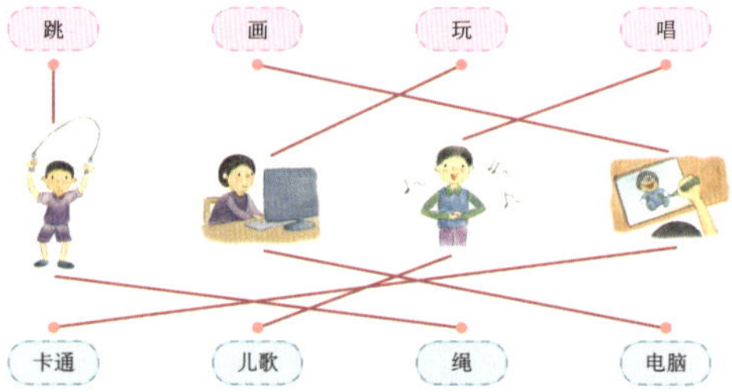

跳   画   玩   唱
卡通   儿歌   绳   电脑

4 다음 글을 읽고 물음에 답하세요.

丁丁和明明一对好朋友。他们经常去公园玩沙，跳房子，捉迷藏。手拉手，唱唱歌， ___(a)___ 每天有。

① 丁丁과 明明이 한 놀이를 모두 골라 ○하세요.

② (a)에 들어갈 말로 적당한 것을 아래에서 골라 쓰세요.
担心   小心   喜欢   快乐   快乐

7과

1 다음 그림을 보고 무엇이 이겼는지 보기에서 골라 빈칸에 한자로 쓰세요.

보기: 石头 (바위)　剪刀 (가위)　布 (보)

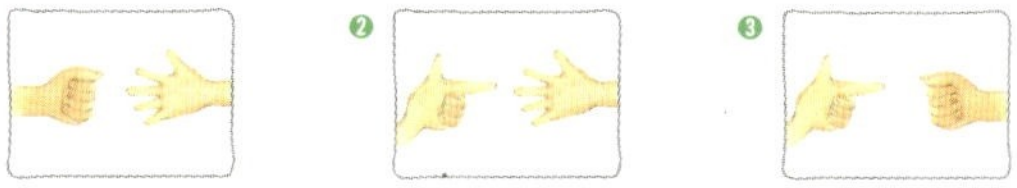

① 布　② 剪刀　③ 石头

2 반대말을 선으로 연결하고, 병음을 찾아서 ○하세요.

长　胖　亮　开

关　暗　瘦　短

à	s	w	d
n	sh	é	u
h	ò	k	ă
g	u	ā	n
í	q	i	ǔ

3 그림과 질문을 보고 해당하는 동물의 이름 옆에 ○하세요.

① 谁会赢呢?　熊 ○　老鼠

② 谁会赢呢?　乌龟　兔子 ○

③ 谁会输呢?　鹿 (lù, 사슴)　麒麟 (qílín, 기린) ○

④ 谁会输呢?　大象 ○　狮子

4 丁丁과 冬冬이 가위바위보를 합니다. 각각의 경우에서 이긴 사람의 이름표에 ○하세요.

	A1	A2	A3
	B1	B2	B3
	C1	C2	C3

① A2　丁丁　　冬冬

② B3　丁丁　　冬冬

③ C2　丁丁　　冬冬

8과

1 그림을 보고 上과 下를 알맞은 곳에 쓰세요.

上楼梯　上课　上车

① 下楼梯　② 下课　③ 下车

2 손으로 표시된 숫자 그림을 보고 빈칸에 알맞은 숫자를 한자로 쓰세요.

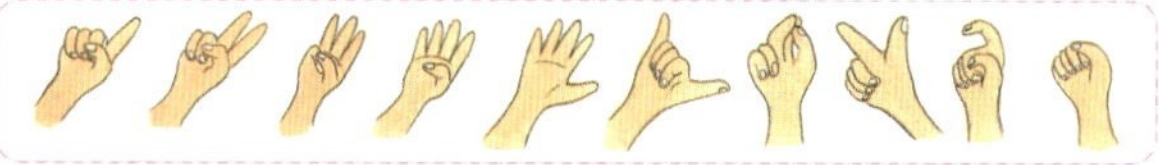

① ＋ ＝ 七

② － ＝ 五

③ × ＝ 六

④ ÷ ＝ 四

3 빈칸에 들어갈 한자를 보기에서 골라 쓰세요.

보기: 一边~一边　上　放　下

① 下雨　下雪　② 上班　放学

③ 冬冬 一边 唱歌 一边 跳舞。

4 빈 퍼즐 조각에 들어갈 단어를 보기에서 골라 문장을 만들어 보세요.

보기: 一起　和　睡觉　踢足球　唱歌

① 그들은 함께 축구를 한다. → 他们 一起 踢足球。

② 우리는 함께 노래를 부른다. → 我们 一起 唱歌。

③ 엄마와 아기는 함께 잠을 잔다. → 妈妈 和 宝宝 一起 睡觉。

정답

1 다음 단어의 병음 순서를 따라 출발에서부터 도착까지 끊어지지 않게 선을 이어보세요.

蓝色 — 黄色 — 红色

출발 l	á	h	ō	도착	e	t
á	f	n	ǔ	g	è	h	g
h	è	s	á	d	s	g	a
ē	h	n	g	h	á	n	x
h	u	b	b	ō	x	ó	g
a	á	n	g	s	è	h	d

2 다음 색깔에 해당하는 단어를 보기에서 찾아 기호를 써보세요.

❶ 蓝色 → ⓒ → ⓔ

❷ 黄色 → ⓑ → ⓓ

❸ 红色 → ⓐ → ⓕ

보기
ⓐ 苹果 píngguǒ
ⓑ 香蕉 xiāngjiāo
ⓒ 蓝天 lántiān
ⓓ 迎春花 yíngchūnhuā
ⓔ 海 hǎi
ⓕ 红十字 Hóngshízì

3 다음 문장의 빈칸에 알맞은 말을 골라 ○하세요.

❶ 왕 선생님이 우리를 데리고 가을을 찾으러 들판으로 나갔어요.

→ 王老师带 [了] / 着 我们去野外寻找秋天。

❷ 딩딩은 어제 만리장성에 갔어요.

→ 丁丁昨天去 ⟨了⟩ / 着 长城。

❸ 동동은 중국어 사전 한 권을 샀어요.

→ 冬冬买 ⟨了⟩ / 着 一本汉语词典。

4 꽃밭의 친구들은 무슨 색일까요? 알맞은 답을 보기에서 골라 번호를 쓰세요.

보기 ❶ 黄色 ❷ 绿色 ❸ 粉红色

1 빈칸에 알맞은 성조를 표기하세요.

❶ duānduan

❷ mànmàn(r)

❸ piàopiaoliangliang

❹ gāogaoxìngxing

2 사다리를 타고 내려가서 동물들의 특기를 보기에서 찾아 쓰세요.

보기 跑 游 飞

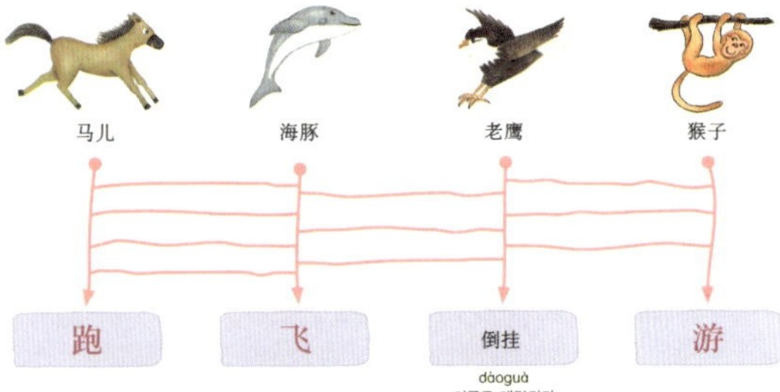

马儿 海豚 老鹰 猴子

跑 飞 倒挂 游

dàoguà
거꾸로 매달리다

3 그림을 보고 문장의 내용이 맞으면 ○, 틀리면 ×하세요.

会	不会		会	不会
游泳 拉小提琴 画卡通	弹钢琴 说日语		画卡通 弹钢琴 说日语	拉小提琴 游泳

❶ 丁丁会游泳。 ○

❷ 当当会说日语。 ○

❸ 丁丁不会弹钢琴和拉小提琴。 ×

❹ 当当不会游泳和弹钢琴。 ×

❺ 丁丁和当当会画卡通。 ○

❻ 当当和丁丁会说日语。 ×

4 내가 할 수 있는 것에 ○하고, 말해보세요.

☐ 弹钢琴	☐ 游泳	○ 拉小提琴	☐ 画画儿
☐ 唱歌	☐ 拼装机器人	☐ 跳舞	☐ 玩电子游戏

A 你会做什么呢？

B 我会 拉小提琴 ________

11과

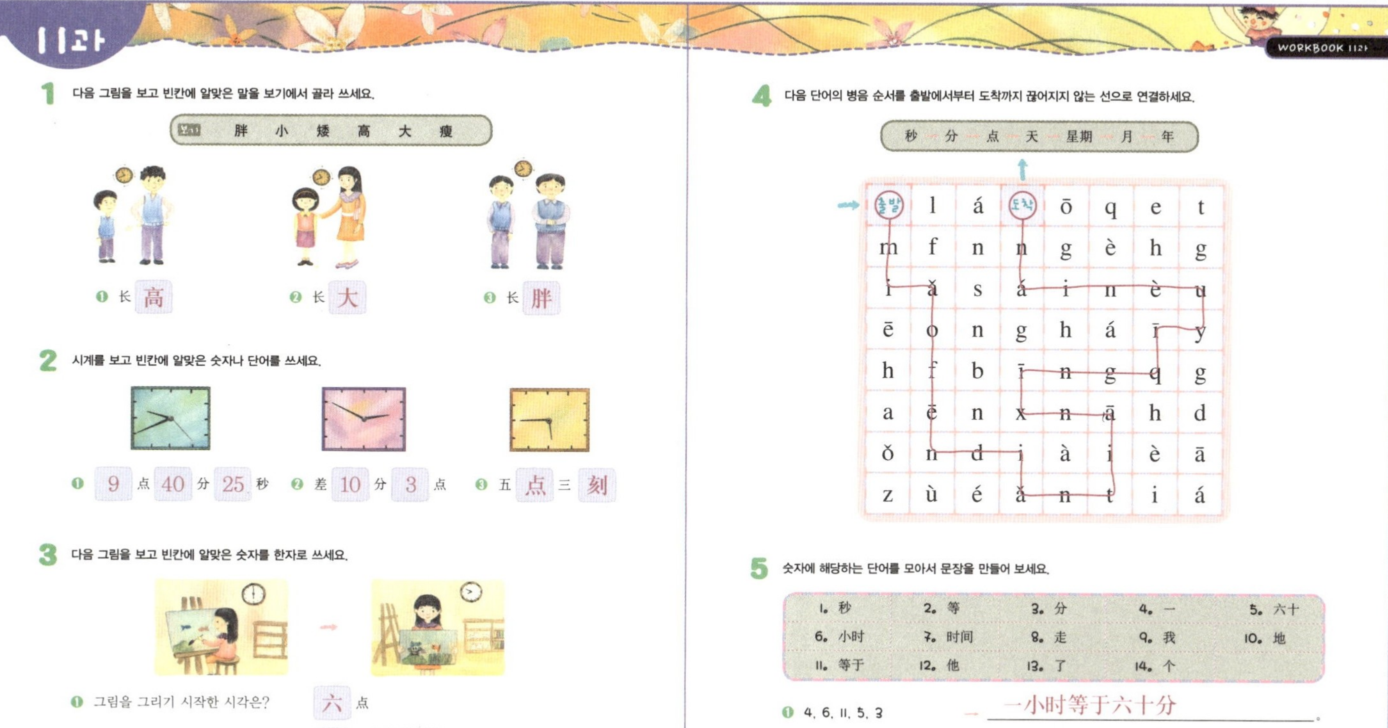

1 다음 그림을 보고 빈칸에 알맞은 말을 보기에서 골라 쓰세요.

보기 胖　小　矮　高　大　瘦

❶ 长 **高**　❷ 长 **大**　❸ 长 **胖**

2 시계를 보고 빈칸에 알맞은 숫자나 단어를 쓰세요.

❶ **9** 点 **40** 分 **25** 秒　❷ 差 **10** 分 **3** 点　❸ 五 **点** 三 **刻**

3 다음 그림을 보고 빈칸에 알맞은 숫자를 한자로 쓰세요.

❶ 그림을 그리기 시작한 시각은?　**六** 点
❷ 그림 그리기를 끝낸 시각은?　**七** 点 **五十** 分
❸ 그림 그리는 데 걸린 시간은?　**一** 个小时 **五十** 分钟

4 다음 단어의 병음 순서를 출발에서부터 도착까지 끊어지지 않는 선으로 연결하세요.

秒 — 分 — 点 — 天 — 星期 — 月 — 年

5 숫자에 해당하는 단어를 모아서 문장을 만들어 보세요.

1. 秒	2. 等	3. 分	4. 一	5. 六十
6. 小时	7. 时间	8. 走	9. 我	10. 地
11. 等于	12. 他	13. 了	14. 个	

❶ 4, 6, 11, 5, 3 → 一小时等于六十分。
❷ 7, 4, 3, 4, 1, 10, 8 → 时间一分一秒地走。
❸ 9, 2, 12, 2, 13, 4, 14, 6 → 我等他等了一个小时。

12과

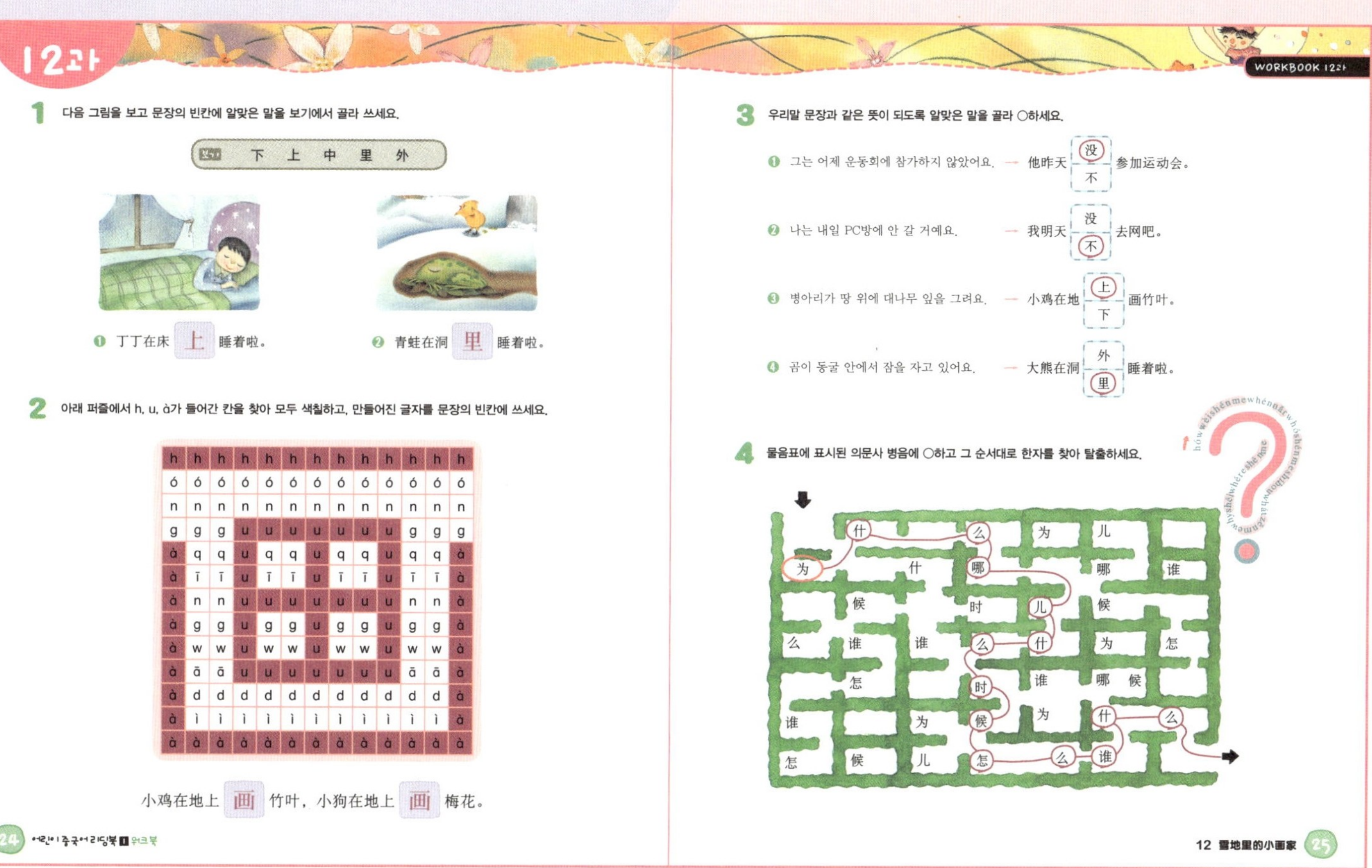

1 다음 그림을 보고 문장의 빈칸에 알맞은 말을 보기에서 골라 쓰세요.

보기 下　上　中　里　外

❶ 丁丁在床 **上** 睡着啦。　❷ 青蛙在洞 **里** 睡着啦。

2 아래 퍼즐에서 h, u, à가 들어간 칸을 찾아 모두 색칠하고, 만들어진 글자를 문장의 빈칸에 쓰세요.

小鸡在地上 **画** 竹叶，小狗在地上 **画** 梅花。

3 우리말 문장과 같은 뜻이 되도록 알맞은 말을 골라 ○하세요.

❶ 그는 어제 운동회에 참가하지 않았어요. — 他昨天 没／不 参加运动会。
❷ 나는 내일 PC방에 안 갈 거예요. — 我明天 没／不 去网吧。
❸ 병아리가 땅 위에 대나무 잎을 그려요. — 小鸡在地 上／下 画竹叶。
❹ 곰이 동굴 안에서 잠을 자고 있어요. — 大熊在洞 外／里 睡着啦。

4 물음표에 표시된 의문사 병음에 ○하고 그 순서대로 한자를 찾아 탈출하세요.

 **저자 소개**

◯ 김명섭 선생님

대구교육대학교 졸업
한국교원대학교 대학원 졸업(교육사회 전공)
1988년~2004년 국내 초등학교 근무
2005년~2006년 상해 한국학교 근무
2007년 상해교통대학 중국어 어학연수 수료
저서 : 초등 사회과 탐구 교재 《상하이上海의 생활》, 《快乐学汉语》 1·2·3
現 경북 기성초등학교 교사

◯ 김은정 선생님

부산외국어대학교 중국어과 졸업
한국외국어대학교 통역번역대학원 석사
2003년~2004년 부산 경남정보대학 중국어 강의
2005년~2007년 부산 용호중학교 근무
저서 : 2008년 부산광역시 교육청 중국어 교재
現 상해 한국학교 중국어 교사

◯ 이현숙 선생님

부산대학교 국어교육과 졸업
1987년~2001년 국내 중학교 근무
2002년~2004년 상해 화동사범대학 중국어 어학연수
저서 : 초등 사회과 탐구 교재 《상하이上海의 생활》, 모국어 교육을 위한
교재 《한글사랑》, 《快乐学汉语》 1·2·3
現 상해 한국학교 국어 교사, 중국인을 위한 주말 '상해한글학당' 교사

◯ 예리칭(叶丽清) 선생님

상해 화동사범대학 대외한어과 졸업
2004년 한국 대전 갑천하 어학원 강사
2005년 상해 신세계진수학교 아이만다린 훈련중심 강사
現 상해 화동사범대학 대외한어과 강사

◯ 왕춘잉(王春英) 선생님

대련외국어대학 졸업
2003년~2005년 절강성 월수외국어대학 한국어과 교수
現 절강성 수인대학 한국어과 교수, 항주 서울한국어학원 운영

초판 발행　2010년 8월 15일
1판 3쇄　2013년 1월 25일

저자　김명섭·김은정·이현숙·예리칭·왕춘잉
발행인　이기선
발행처　제이플러스
　　　　서울시 마포구 월드컵로 31길 62
전화　영업부 02)322-8320
　　　편집부 02)3142-2520
팩스　02)332-8321
홈페이지　www.jplus114.com
등록번호　제 10-1680호
등록일자　1998년 12월 9일
ISBN　978-89-94632-03-2
　　　　978-89-94632-02-5 세트

편집　김효선
삽화　한지수
마케팅　김흥태

값 5,000원

※ 파본은 구입하신 서점에서 바꾸어 드립니다.